„Bücher sind wie Fallschirme. Sie nützen uns nichts, wenn wir sie nicht öffnen."

Gröls Verlag

Redaktionelle Hinweise und Impressum

Das vorliegende Werk wurde zugunsten der Authentizität sehr zurückhaltend bearbeitet. So wurden etwa ursprüngliche Rechtschreibfehler *nicht* systematisch behoben, denn kleine Unvollkommenheiten machen das Buch – wie im Übrigen den Menschen – erst authentisch. Mitunter wurden jedoch zum Beispiel Absätze behutsam neu getrennt, um den Lesefluss zu erleichtern.

Um die Texte zu rekonstruieren, werden antiquarische Bücher von Lesegeräten gescannt und dann durch eine Software lesbar gemacht. Der so entstandene Text wird von Menschen gegengelesen und korrigiert – hierbei treten auch Fehler auf. Wenn Sie ebenfalls antiquarische Texte einreichen möchten, finden Sie weitere Informationen auf www.groels.de

Viel Freude bei der Lektüre wünscht Ihnen das Team des Gröls-Verlags.

Adressen

Verleger: Sophia Gröls, Im Borngrund 26, 61440 Oberursel

Externer Dienstleister für Distribution & Herstellung: BoD, In de Tarpen 42, 22848 Norderstedt

Unsere „Edition | Werke der Weltliteratur" hat den Anspruch, eine der größten und vollständigsten Sammlungen klassischer Literatur in deutscher Sprache zu sein. Nach und nach versammeln wir hier nicht nur die „üblichen Verdächtigen" von Goethe bis Schiller, sondern auch Kleinode der vergangenen Jahrhunderte, die – zu Unrecht – drohen, in Vergessenheit zu geraten. Wir kultivieren und kuratieren damit einen der wertvollsten Bereiche der abendländischen Kultur. Kleine Auswahl:

Francis Bacon • Neues Organon • **Balzac** • Glanz und Elend der Kurtisanen • **Joachim H. Campe** • Robinson der Jüngere • **Dante Alighieri** • Die Göttliche Komödie • **Daniel Defoe** • Robinson Crusoe • **Charles Dickens** • Oliver Twist • **Denis Diderot** • Jacques der Fatalist • **Fjodor Dostojewski** • Schuld und Sühne • **Arthur Conan Doyle** • Der Hund von Baskerville • **Marie von Ebner-Eschenbach** • Das Gemeindekind • **Elisabeth von Österreich** • Das Poetische Tagebuch • **Friedrich Engels** • Die Lage der arbeitenden Klasse • **Ludwig Feuerbach** • Das Wesen des Christentums • **Johann G. Fichte** • Reden an die deutsche Nation • **Fitzgerald** • Zärtlich ist die Nacht • **Flaubert** • Madame Bovary • **Gorch Fock** • Seefahrt ist not! • **Theodor Fontane** • Effi Briest • **Robert Musil** • Über die Dummheit • **Edgar Wallace** • Der Frosch mit der Maske • **Jakob Wassermann** • Der Fall Maurizius • **Oscar Wilde** • Das Bildnis des Dorian Grey • **Émile Zola** • Germinal • **Stefan Zweig** • Schachnovelle • **Hugo von Hofmannsthal** • Der Tor und der Tod • **Anton Tschechow** • Ein Heiratsantrag • **Arthur Schnitzler** • Reigen • **Friedrich Schiller** • Kabale und Liebe • **Nicolo Machiavelli** • Der Fürst • **Gotthold E. Lessing** • Nathan der Weise • **Augustinus** • Die Bekenntnisse des heiligen Augustinus • **Marcus Aurelius** • Selbstbetrachtungen • **Charles Baudelaire** • Die Blumen des Bösen • **Harriett Stowe** • Onkel Toms Hütte • **Walter Benjamin** • Deutsche Menschen • **Hugo Bettauer** • Die Stadt ohne Juden • **Lewis Caroll** • *und viele mehr….*

Hesiod

Theogonie

oder

Der Götter und Göttinnen Geschlecht

Übersetzt von Johann Heinrich Voß

Helikonischen Musen geweiht, heb' unser Gesang an,
Die auf dem Helikonberge, dem großen und heiligen, walten:
Wo sie den dunkelen Quell mit geschmeidigen Füßen im Reihntanz
Und den Altar umschweben des allmachtfrohen Kronion.
Dort, den blühenden Leib im Pannesosstrome gebadet,
Oder der Hippokren', und der heiligen Flut Olmeios,

Auf der erhabensten Kuppe des Helikon ordnen sie Chorreihn,
Lieblich und anmutsvoll, mit behend' umfliegendem Fußtritt.
Jezo im Schwung von der Höhe, gehüllt in finsteren Nebel,
Wandeln sie nächtlich herab, holdselige Stimmen erhebend,
Feirend den Donnerer Zeus, und die ehrfurchtwürdige Here,
Argos' Macht, die herlich auf goldenen Solen einhergeht,
Auch des gewaltigen Zeus blauäugige Tochter Athene,
Föbos Apollon zugleich, und Artemis, froh des Geschosses,
Ihn auch, den Erderschüttrer, den Landumstürmer Poscidon,
Themis, in achtbarer Würd', und Kypria, freudiges Blickes,

Hebe zugleich, mit Golde gekränzt, und die schöne Dione,
Eos, und Helios' Stärke zugleich, und die helle Selene,
Leto, Iapetos auch und den unausforschlichen Kronos,
Erd', und dunkele Nacht, und Okeanos, groß und gewaltig,
Und der Unsterblichen mehr vom heiligen Stamme der Götter.

Jene lehreten auch dem Hesiodos schönen Gesang einst,
Als er die Lämmer besorgt' an des heiligen Helikons Abhang.
Also redeten mich die Göttinen selber zuerst an,
Sie, die olympischen Musen, des Ägiserschütterers Töchter:

Hirten der Flur, unnüz hinträumende, Bäuche nur einzig!
Wir verstehn viel Falsches, wie Wirklichem gleich zu

verkünden;
Wir verstehn, wenn wir wollen, auch anzusagen die Wahrheit.

Also sprachen die Musen, des Zeus wohlredende Töchter.
Und sie verliehn mir den Stab, ein Gesproß frischgrünendes Lorbers
Brechend, bewunderungswerth; und hauchten mir süßen, Gesang ein,
Göttlichen, daß ich priese, was sein wird, oder zuvor war;
Hießen mich dann das Geschlecht der unsterblichen Seligen feiern,
Ihrer selbst im Beginn und im Ausgang' immer gedenkend.
Aber warum mir gefabelt vom Eichbaum oder vom Felsen?

Auf du! sei von den Musen der Anfang, welche dem Vater
Zeus durch Hymnen erfreun den erhabenen Sinn im

Olympos,
Redend alles, was ist, was sein wird, oder zuvor war,
Mit einträchtigem Klang: fort strömt unermüdet der Wohllaut
Ihrer Kehl' anmutig; es lacht der Palast, wo der Vater,
Zeus der Donnerer, wohnt, wie der Göttinnen heller Gesang sich
Weit ausgiest; und es hallen die Höhn des beschneiten Olympos,
Jed' ein Götterpalast. Doch sie, mit unsterblicher Stimme,
Feiren im Liede zuerst das Geschlecht ehrwürdiger Götter
Seit dem Beginn, die die Erde gezeugt und der wölbende Himmel,
Und, die aus jenen entsproßt, die seligen Geber des Guten.
Weiter darauf den Zeus, der Menschen und Ewigen Vater,

Preisen sie hoch, anfangend und endigend mit dem Gesange,
Wie er den Ewigen weit an Gewalt vorraget und Allmacht.
Dann auch sterblicher Menschen Geschlecht, und starker Giganten,
Machen sie kund, zu erfreun Zeus' waltenden Sinn im Olympos,
Sie, die olympischen Musen, des Ägiserschütterers Töchter.
Auf der pierischen Höhe, mit Zeus dem Vater vereinigt,
Zeugte Mnemosyne sie, die Eleuthers Fluren beherschet:
Trost dem Leide zu sein, und Linderung aller Betrübnis.
Denn neun Nächte gesellte sich ihr der Ordner der Welt Zeus,
Von den Unsterblichen fern ihr heiliges Lager besteigend.

Als nun endlich das Jahr von den kreisenden Horen erfüllt ward,
Und mit dem wechselnden Monde sich viel der Tage vollendet;
Trug neun Töchter sie dar, gleichsinnige, stets des Gesanges
Eingedenk, in der Brust unsorgsame Herzen bewahrend,
Wenig vom obersten Gipfel entfernt des beschneiten Olympos,
Wo sie der festlichen Tänze sich freun, und der prangenden Wohnung.
Auch die Chariten dort und Himeros wohnen nachbart,
Froh der Gelag'; und dem Mund' holdselige Stimmen entsendend,
Singen sie dann, und aller Unsterblichen Bräuch' und geweihte
Ordnungen preisen sie hoch mit melodischer Stimmen Erhebung.

Jene nun stiegen im Jubel des schönen Gesangs zum Olympos,
Mit ambrosischem Chor; weit über die dunkele Erd' hin
Tönte das Lied, und es scholl der geordneten Tritte Gestampf auf,
Wie zu dem mächtigen Vater sie wandelten. Dieser im Himmel
Herscht, den entflammeten Bliz in der Hand, und den hallenden Donner,
Seit er dem Kronos an Macht obsiegete; wohl auch vertheilt' er
Unter die Ewigen alles zugleich, und bestimmte die Ehren.

Dies nun sangen die Musen, olympische Häuser bewohnend,
Neun aufblühende Töchter des mächtigen Zeus Kronion:
Kleio, Melpomene auch, Terpsichore dann, und Thaleia,

Polyhymnia dann, und Urania, samt der Euterpe,
Erato auch, und die edle Kalliope, welche den Schwestern
Weit vorragt; denn sie waltet der ehrenvollen Gebieter.
Wen mit ehrendem Blicke die freundlichen Töchter Kronions
Bei der Geburt anschaun, von den gottbeseligten Herschern,
Dem wird sanft die Zunge mit süßem Thaue beträufelt,
Und ihm gleitet wie Honig die Red' hin. Siehe, die Völker
Schauen gesamt auf ihn, der Urtheil spricht und Entscheidung
Nach durchgehendem Recht; denn mit Nachdruck redet er treffend,
Und weiß schnell auch ein großes Gezänk zu versöhnen; mit Klugheit.
Darum sind Volkspfleger verstandvoll, daß sie den

Völkern
Öffentlich vollen Ersaz für Beleidigung schaffen und Kränkung,
Sonder Bemühn, zuredend mit sanft einnehmenden Worten.
Aber durchgeht er die Stadt, wie ein Gott rings wird er geehret
Mit anmutiger Scheu; und er ragt in des Volkes Versammlung.
Also verleihn die Musen den Sterblichen heilige Mitgift.
Denn durch der Musen Geschenk und des treffenden Föbos Apollon
Sind die Männer des Liedes und Harfengetöns auf der Erde;
Aber durch Zeus Volkspfleger. O Seliger, welchem die Musen
Huldreich nahn! wie strömet ihm süß vom Munde der Wohllaut!
Denn wenn einer mit Gram in frischverwundetem

Herzen
Starr dasizt, und das Leben sich abhärmt, aber ein Sänger
Treu im Dienste der Musen die löblichen Thaten der Vorwelt
Preist im Gesang', und die Götter auf seligen Höhn des Olympos;
Schnell durchdringt ihn des Leides Vergessenheit keiner Betrübnis
Denkt er hinfort, ihm lenkte der Göttinnen Gabe das Herz um.

Heil euch, Kinder des Zeus! gebt lieblichen Ton' des Gesanges!
Rühmt nun den heiligen Stamm der unsterblichen ewigen Götter,
Welche die Erde gezeugt und der sternumleuchtete Himmel,
Auch die düstere Nacht, und wie viel' aufnährte die Salzflut.
Sagt mir denn, wie Götter zuerst und Erde geworden,

Auch die Ström', und des Meers endlos aufstürmender Abgrund,
Auch die leuchtenden Stern' und der weit umwölbende Himmel;
Und, die aus jenen entsproßt, die seligen Geber des Guten,
Wie sie das Reich sich getheilt, und göttliche Ehren gesondert,
Und wie zuerst sie behauptet den vielgewundnen Olympos.
Dies nun meldet mir, Musen, olympische Häuser bewohnend,
Seit dem Beginn, und saget, wie eins von jenen zuerst ward.

Siehe, vor allem zuerst ward Chaos; aber nach diesem
Ward die gebreitete Erd', ein daurender Siz den gesamten
Ewigen, welche bewohnen die Höhn des beschneiten Olympos,

Tartaros' Graun auch im Schooße des weitumwanderten Erdreichs,
Eros zugleich, der, geschmückt vor den Ewigen allen mit Schönheit,
Sanft auflösend, den Menschen gesamt und den ewigen Göttern
Bändiget tief im Busen den Geist und bedachtsamen Rathschluß.

Erebos ward aus dem Chaos, es ward die dunkele Nacht auch.
Dann aus der Nacht ward Äther und Hemera, Göttin des Lichtes,
Welche sie beide gebar von des Erebos trauter Empfängnis.
Aber die Erde zuerst erzeugete, ähnlich ihr selber,
Ihn den sternichten Himmel, daß ganz er umher sie bedeckte,
Stets unerschütterte Veste zu sein den seligen Göttern.

Auch die hohen Gebirge, der Göttinnen liebliche Wohnung,
Zeugete sie, wo Nymfen durch waldige Krümmen umhergehn.
Auch das verödete Meer mit stürmender Woge gebar sie,
Ohne befruchtende Liebe, den Pontos; aber nach diesem,
Zeugte der Himmel mit ihr des OkeanosOkeanos, der die Welt umkreisende Strom, unterschieden von Pontos, der Meeresflächestrudelnden Herscher,
Köos auch, und Kreios, Iapetos, und Hyperion,
Theia sodann, und Rheia, Mnemosyne dann, mit der Themis,
Föbe die goldgekränzte sodann, und die liebliche Tethys.
Dann erwuchs auch der jüngste, der unausforschliche Kronos,
Er, das schrecklichste Kind, dem der blühende Vater

verhaßt war.
Wieder gebar sie darauf die ungeheuren Kyklopen,
Brontes, und Steropes auch, und Arges, troziger Kühnheit,
Welche dem Zeus darboten den Bliz, und schufen den Donner.Eingeschobener Vers.
Deren Gestalt war ganz im Übrigen ähnlich den Göttern,
Aber ein einziges Aug' entfunkelte mitten der Stirne;
Auch ihr Name bezeugt Rundäugige, weil den Kyklopen
Rund ein einziges Aug' an der mächtigen Stirne hervorschien;
Doch war Kraft und Gewalt und Erfindungsgabe zur Arbeit.
Andere wurden annoch von Erd' und Himmel gezeuget,
Drei großmächtige Söhn' und gewaltige, graulich zu nennen:

Kottos, und Gyges zugleich, und Briareos, stolze Gebrüder.
Hundert Riesenarm' entstrebeten ihren Schultern
Ungeschlacht, und fünfzig entsezliche Häupter auf jedem
Wuchsen daher von der Schulter, bei ungeheueren Gliedern:
Groß war aber die Kraft bei der großen Gestalt, und unnahbar.

Jene, so viel von Gäa und Uranos wurden erzeuget,
Waren der schrecklichsten Art, und verhaßt dem eigenen Vater,
Seit dem Beginn; und wie eines davon nur eben hervorging,
Barg sie alle hinweg, und ließ sie nimmer an Tagslicht,
Dort im Winkel des Lands; denn es freute sich schädlicher Unthat
Uranos. Doch es erseufzt' im Innersten Gäa die Riesin,

Schwer beklemmt; und zum Trug' ersann sie verderbliche Arglist.
Schnell, nachdem sie bereitet den Stoff grauschimmerndes Demants,
Schuf sie die mächtige Hipp', und gab den Erzeugten Belehrung.
Mut einredend begann sie, das Herz voll großer Betrübnis:

Kinder von mir und dem Vater, dem Freveler, wolltet ihr jezo
Folgsam sein, wir straften an euerem Vater die schnöden
Kränkungen; denn er zuerst verübele Thaten des Unfugs.

Jene sprachs; doch sie alle durchdrang Furcht; keiner von ihnen
Redete. Mut nun faßte der unausforschliche Kronos,
Und er sagte darauf der achtbaren Mutter die Antwort:

Mutter, ich selbst wohl möcht' einwilligend jezo vollenden
Diese That; mir ist ja der übelnamige Vater
Widerlich; denn er zuerst verübele Thaten des Unfugs.

Also der Sohn; und innig erfreute sich Gäa die Riesin.
Ihn nun barg sie im Halte versteckt, und fügt' in die Hand ihm
Die scharfzahnige Hipp', und ordnete allen Betrug an.
Jezt herführend die Nacht kam Uranos, und um die Gäa
Breitet' er liebend sich aus, voll Lüsternheit übergedehnet,
Ringsher. Aber es fuhr aus dem Halte der Sohn mit der Linken
Aufwärts, und mit der Rechten ergrif er die mächtige Hippe,

Lang und scharfgezahnt, und die Kraft des eigenen Vaters
Mähet' er schleunig hinweg, und zurück die geschwungene warf er
Hinter sich. Jene nunmehr floh nicht aus der Hand ihm vergebens:
Denn so viel auch Tropfen entrieselten purpurnes Blutes,
All' empfing sie die Erd'; und in rollender Jahre Vollendung
Wuchsen Erinnyen gräßlich hervor, und große Giganten,
Hell von Waffen umblinkt, langragende Speer' in den Händen,
Auch die man melische Nymfen benamt im unendlichen Weltraum.
Aber die Kraft wie er solche, sobald sie entmähet der Demant,
Nieder warf bei Epeiros zum weitaufwogenden Abgrund,

Also wallte sie lange das Meer durch. Weiß dann erhub sich
Schaum dem unsterblichen Leib ringsum, in welchem ein Mägdlein
Aufwuchs. Siehe, zuerst dem heiligen Lande Kythera
Nahte sie, dorther dann der meerumflossenen Kypros.
Jezo entstieg die schöne, die herliche Göttin; da Kräuter
Unter dem niedlichen Fuß sie umblüheten. Doch Afrodite
Nennen sie Götter sowohl als Sterbliche, weil sie aus Meerschaum
Aufwuchs; und Kythereia, dieweil bei Kythera sie antrieb.
Eros begleitete sie, auch Himeros folgte, der schöne,
Als sie, die Neugeborne, zur Schaar der Unsterblichen hinging.
Doch dies ward vom Beginn ihr Ehrenamt und geloostes

Antheil unter den Menschen und ewigwaltenden Göttern:
Jungfraunhaftes Gekos', anlächelnder Blick und Bethörung,
Auch holdselige Lust, Liebreiz, und schmeichelnde Anmut.

Jen' izt nannte Titanen mit strafendem Namen der Vater
Uranos, gegen die Kinder entbrannt, die er selber gezeuget;
Denn er sprach, ausstreckend die Hand in frevelem Leichtsinn
Hätten sie Großes verübt, dem einst nachfolgte die Ahndung.

Kinder der Nacht sind das grause Geschick, und die dunkele Ker auch,
Samt dem Tod', und dem Schlaf, und dem schwärmenden Volke der Träume;
Keinem gesellt in Liebe gebar sie die finstere Göttin.
Weiter den Momos darauf, und die hart anfechtende

Mühsal,
Hesperiden zugleich, jenseit der Okeanosströmung,
Die Goldäpfel bewachen, und Goldfrucht tragende Bäume;
Auch die Mören gebar sie, die grausam strafenden Keren,
Welche, der Menschen und Götter Vergehungen strenge verfolgend,
Nie, die Göttinnen! ruhn vom schrecklichen Grimme des Zornes,
Bis sie verderbliche Rach' an jedem geübt, der gesündigt.
Jezo die Nemesis auch, den sterblichen Menschen zum Unheil,
Zeugte die Nacht; hierauf den Betrug und die Liebe gebar sie,
Auch unseliges Alter, und hart anringende Zwietracht.
Eris, der Zwietracht Göttin, gebar mühselige Arbeit,
Auch Vergessenheit, Hunger zugleich, und

thränende Schwermut,
Kriegesschlacht, und Gefecht, und Mord, und Männervertilgung,
Hader, und teuschende Wort', und Gegenworte des Eifers,
Ungesez, und Schuld, die vertraut umgehn mit einander;
Auch den Eid, der am meisten den sterblichen Erdebewohnern
Schaden bringt, wenn einer mit Fleiß Meineide geschworen.

Nereus, den wahrhaften Gott, den untrüglichen, zeugete Pontos,
Ihn den ältesten Sohn; man nennt ihn aber den Meergreis,
Weil er unfehlbar ist, ein Freundlicher, welcher, dem Unfug
Nimmer geneigt, nur gerechten und freundlichen Handlungen nachsinnt.
Weiter den mächtigen Thaumas darauf, und den

mutigen Forkys,
Zeugt' er, der Gäa gesellt, und die rosenwangige Keto,
Auch Eurybia, starr wie des Demants Härte gesinnet.

Nereus aber gewann hochherliche Kinder von Nymfen
In dem verödeten Meer, und der ringellockigen Doris,
Ihr des Okeanos Tochter, des allumgrenzenden Stromes:
Proto, Eukráte zugleich, und Amfitrite, mit Sao,
Thetis auch, und Galene, zugleich Eudora, mit Glauka,
Speio, Kymóthoe dann, auch Thália, lieblicher Anmut,
Melite dann voll Reizes, Eulimene dann, und Agaue,
Erato dann, und Pasithea dann, mit der schönen Euneike,
Doto zugleich, und Ploto, Dynamene dann, und

Ferusa,
Auch Aktäa, Nesäa zugleich, und Protomedeia,
Doris, und Pánope dann, und die edle Gestalt Galateia,
Auch Hippothoe dann, und Hipponome, rosiges Armes,
Auch Kymódoke, welche die Wog' in der dunkelnden Salzflut,
Und raschwandelnder Wind' Anhauch, mit Kymatolege
Leicht zu besänftigen weiß, und der rüstigen Amfitrite;
Kymo, Eïone dann, und im herlichen Kranz Halimede,
Pontoporeia zugleich, und Glaukonome, freundliches Lächelns
Laomedeia, Leiagore dann, Euagore nächst ihr,
Auch, mit Polynome dann und Autonoe, Lysianassa,
Auch Euarne, gefällig an Wuchs, untadliches Ansehns,

Psamathe dann, von holder Gestalt, und die hehre Menippe,
Neso, Eupompe zugleich, auch Pronoe, samt der Themisto,
Auch Nemertes, vom Geiste beseelt des unsterblichen Vaters.
Diese gesamt entsprossen dem unvergleichbaren Nereus,
Fünfzig blühende Töchter, untadlicher Werke verständig.

Thaumas erkohr des tiefen Okeanos Tochter Elektra
Sich zum Weib': ihm gebar sie die hurtige Iris, darauf auch
Schöngelockte Harpyen, Okypete, samt der Aëllo:
Welche der Wind' Anhauch und himmlische Vögel erreichen,
Rasch mit der Fittige Schwung; denn sie heben sich über die Luft hin.

Keto gebar dem Forkys die rosenwangigen Gräen,
Seit der Geburt schon grau, die drum Grauhaarige

nennen
So unsterbliche Götter, wie sterbliche Erdebewohner,
Schön Pefredo im Schmuck, und im Safranmantel Enyo:
Auch der Gorgonen Geschlecht, jenseit des Okeanos wohnend,
Hart an der Grenze der Nacht, bei den singenden Hesperiden,
Stheino, Eurýale auch, und die jammervolle Medusa.
Sie war sterblich allein, doch Tod so wenig wie Alter
Kannten die zwo: mit der einen verband sich der Finstergelockte,
Auf sanftgrasiger Wies', in des Frühlinges Blumengewimmel.
Aber da Perseus jezo das Haupt ihr vom Halse gehauen,
Stürmte der große Chrysaor hervor, und Pegasos wiehernd.
Pegasos wurde benamt von den nahen Okeanosquellen:

Und von dem goldenen Sehwert, das die Hand' ihm füllte, Chrysaor.
Jener, im Flug' auffahrend vom heerdeweidenden Erdreich,
Kam zu der Götter Geschlecht, und wohnt im Palaste Kronions,
Donner und Bliz zu tragen für Zeus, den waltenden Herscher.

Den dreihauptigen Riesen Geryones zeugte Chrysaor,
Mit der Kalliroe buhlend, des edlen Okeanos Tochter.
Diesen erschlug und enthüllte die hohe Kraft Herakles,
Beim schwerwandelnden Vieh, in dem Fruchteiland' Erytheia,
Jenes Tags, da den Schwarm breitstirniger Rinder gen Tiryns
Heiligen Fluren er trieb; denn durch des Okeanos Enge

Fuhr er, und schlug den Wärter Eurýtion nieder, und Orthros,
Dort in dem dunklen Geheg, jenseit der Okeanosströmung.

Jene gebar von neuem ein unausringbares Scheusal,
Ungleich sterblichen Menschen sowohl, wie unsterblichen Göttern,
In dem gehöhleten Fels, die grausame Göttin Echidna:
Halb schönwangige Nymfe, mit freudiger Schnelle des Blickes,
Halb unermeßliche Schlang', in furchtbare Größe gedehnet,
Buntgefleckt, rohfressend im Schooß des heiligen Landes.
Dort ist unten die Kluft ihr gehöhlt in die Tiefe des Felsens,
Fern von sterblichen Menschen hinweg und unsterblichen Göttern;
Denn dort liehn ihr die Götter die ruchtbare

Wohnung zum Antheil:
Graunvoll unter der Erd' in Arima hauset Echidna,
Sie die unsterbliche Nymf' in stets unaltender' Jugend.

Ihr dann, sagen sie, nahte mit traulicher Liebe Tyfaon,
Ein unbändiger Wind, der freudigblickenden Jungfrau,
Und die begattete trug und gebar hartherzige Kinder.
Siehe, den Orthros gebar sie zuerst, des Gerýones Wachthund;
Hierauf trug sie das grause, das unausprechliche Scheusal,
Kerberos, Aïdes Hund mit ehernem Laut, den Verschlinger,
Voll schamloser Gewalt, den funfzighauptigen Wütrich.
Drauf zum dritten gebar sie die unheilsinnende Hyder
Lerna's, welche genährt die lilienarmige Here,

Ewigen Groll nachtragend der hohen Kraft Herakles.
Doch Zeus' Sohn hat diese mit grausamem Erze gebändigt,
Er, der Amfitryonid', und der streitbare Held Iolaos,
Weisem Rath der Athene, der Beutegewährerin, folgsam.
Auch die Chimära gebar sie, die flammende Glut mit Gewalt blies,
Ungeheuer und graß, machtvoll und stürmisches Anlaufs.
Und sie erhub drei Häupter: des funkelnden Löwen war eines,
Dieses der Geiß, und jenes des machtvoll schlängelnden Drachen.Aus Homer.
Ihr gab Pegasos Tod, und der tapfere Bellerofontes.
Auch die verderbliche Fix, zum Weh der Kadmeier, gebar sie
Durch des Orthros Verein, und den nemeiäischen Löwen:

Den einst Here genährt, Zeus' rühmliche Lagergenossin,
Und zum Verderb der Menschen gesandt in die Fluren Nemeia's.
Dort herbergt' er umher, und betrog viel Menschengeschlechter,
Ringsum herschend in Tretos, in Apesas, und in Nemeia;
Doch ihn bezwang obsiegend die hohe Kraft Herakles.

Keto gebar auch den jüngsten, genaht in Liebe dem Forkys,
Ihn, den entsezlichen Drachen, der tief in der westlichen Erdbucht,
Draußen am Ende des Alls, hochgoldene Äpfel behütet.
Dieses Geschlecht hat Forkys erzeugt mit der göttlichen Keto.
Tethys aber gebar dem Okeanos wirbelnde Ströme:
Neilos, Eridanos auch, den Strudeler, und den

Alfeios,
Strymon, Mäandros zugleich, und den schönhinflutenden Istros,
Auch Acheloos mit Silbergeroll, auch Rhesos, und Fasis,
Nessos, und Rhodios auch, Heptaporos, und Haliakmon,
Simois dann, den gefeirten, Granikos dann, mit Äsepos,
Hermos, und, mit Peneios, den wasserreichen Kaïkos,
Ladon, Parthenios auch, und des großen Sangarios Gottheit,
Auch Euenos, Ardeskos zugleich, und den edlen Skamandros.

Töchter gebar sie darauf, hochheilige, welche des Erdreichs
Männer zur Reif aufnähren, sie selbst und der Herscher Apollon,
Auch die Ströme; denn solches beschied Zeus ihnen zum Antheil.

Peitho, Admete zugleich, Ianthe sodann, und Elektra,
Doris, und Prymno zunächst, und Urania, göttlicher Bildung,
Klymene, Rhodia auch, Kalliroe dann, mit der Hippo,
Zeuxo, und Klytie dann, und Pasithoe, samt der Idya,
Galaxaure, Plexaure zugleich, und die holde Dione,
Thoe, Melóbosis dann, und die edle Gestalt Polydora,
Dann, mit der schönen Kerkeïs, die hoheitblickende Pluto,
Xanthe, samt Ianeira, Perseïs auch, und Akaste,
Auch Europa, Menestho zugleich, und die schlanke Peträa,
Metis, Eurýnome dann, und im Safranmantel Telestho,
Asia dann, Kreseïs darauf, und die hehre Kalypso,
Tyche, mit Amfiro dann, und Okýroe, samt der Eudora,
Styx auch, welche vor allen in höherer Würde hervorragt.

Diese von Tethys zugleich und Okeanos stammenden Töchter
Sind durch Alter erhöht; auch giebts noch viele der andern.
Denn drei Tausende sind leichtfüßiger Okeaninen,
Welche verstreut in Menge das Land und die Gründe des Meeres
Ringsumher durchschalten, der Göttinnen herliche Kinder.
Eben so viel auch sind dumpfrauschender Ströme noch übrig,
Sie, des Okeanos Söhn', und der ehrfurchtwürdigen Tethys:
Welche gesamt mit Namen ein Sterblicher schwerlich benennet;
Doch sie kennen für sich die zunächst anwohnenden Männer.

Theia gebar voll Glanzes den Helios, und die Selene,
Eos auch, die allen den Erdbewohnenden leuchtet,
Und den Unsterblichen rings im weitumwölbenden

Himmel:
Diese gebar einst Theia der liebenden Macht
Hyperions.

Aber dem Krios gebar Eurybia mächtige Söhne,
Pallas samt Asträos, die hoch vorragende Göttin,
Perses auch, der vor allen an kundigem Geiste sich
ausnahm.

Eos gebar dem Asträos die Wind' unbändiges
Mutes,
Zefyros, blaßumschaurt, und Boreas, stürmisch im
Anlauf,
Notos auch, da in Liebe zum Gott sich die Göttin
gelagert.
Auch den Fosforos jezo gebar die heilige Frühe,
Samt den leuchtenden Sternen, womit sich kränzet
der Himmel.

Styx, des Okeanos Tochter, gebar aus des Pallas
Gemeinschaft
Zelos zugleich im Palast, und die hold

anwandelnde Nike;
Dann auch Kraft und Gewalt, hochherliche Kinder, gebar sie.
Nimmer von Zeus ist ihnen entfernt, Haus weder, noch Sizung,
Nimmer ein Gang, wo nicht der geleitende Gott sie daherführt;
Sondern sie wohnen mit Zeus, dem Donnerer, immer gemeinsam.
Denn das ordnete Styx, die unsterbliche Okeanine,
Jenes Tags, da umher der olympische Stralenentschwinger
Alle die ewigen Götter berief zum hohen Olympos.
Welcher Gott, so sprach er, mit ihm die Titanen bekämpfte,
Niemals sollt' er der Ehren beraubt sein, sondern ein jeder
Trüge die vorige Würd' in der ewigen Götter Versammlung;
Aber wer ganz ungeehrt und amtlos wäre bei Kronos,

Würd' er zu Amt und Ehre, wie recht und billig, erheben.

Siehe, zuerst kam Styx, die unsterbliche, zu dem Olympos,
Führend die Kinder zugleich, auf den Rath des lieben Erzeugers.
Sie nun ehrete Zeus, und verlieh ausnehmende Gaben:
Denn sie selbst bestimmt' er zum heiligen Schwure der Götter,
Und die Kinder zu sein ihm selbst Mitwohner auf ewig.
So auch allen gesamt vollendet' er, was er gelobet,
Sonder Fehl; und er selber gebeut und herschet mit Allmacht.

Föbe naht' in Liebe des Köos reizendem Lager;
Und nachdem sie empfangen, vom Gott die Göttin, gebar sie
Leto in dunklem Gewande, die immer freundliche Tochter,

Mild den sterblichen Menschen gesinnt, und unsterblichen Göttern,
Freundlich schon vom Beginn, die sanfteste auf dem Olympos.
Auch die gepriesene Tochter Asteria trug sie, die Perses
Führte zum großen Palast, als trauliche Lagergenossin.
Und sie empfing vom Gatten die Hekate, welche vor allen
Zeus Kronion geehrt, und glänzende Gaben ihr darbot,
Schicksalsmacht auf der Erd' und dem endlos wildernden Meere;
Auch vom sternigen Himmel zugleich ward Ehrengeschenk ihr,
Und hoch ist sie vor allen geehrt den unsterblichen Göttern.
Denn auch jezt, wann einer der erdebewohnenden Menschen

Nach dem Gesez darbringet ein heiliges Opfer der Sühnung,
Ruft er die Hekate an: und große Verherlichung folgt ihm
Leicht, woferne mit Huld sein Flehn anhörte die Göttin;
Reichthum schenket sie auch; weil Macht und Vermögen ihr beiwohnt.
Denn so viel von Gäa und Uranos wurden erzeuget,
Und mit Ehren belehnt, von allen geneußt sie ein Antheil.
Nichts auch hat der Kronide mit Zwang ihr wieder geraubet,
Was in der Urherschaft der titanischen Götter ihr zufiel;
Sondern sie hat, was vom ersten Beginn ihr gemessen die Theilung.
Nicht ist gekürzt ihr die Ehr', als eingeborenen Göttin,

Deren Gewalt ausgeht durch Erd' und Himmel und Meerflut;
Nein weit herlicher noch, weil Zeus Kronion sie ehret.
Welchem sie will, dem naht sie mit Hülf und kräftigem Beistand;
Und hoch raget er, welchen sie will, in des Volkes Versammlung.
Wann zur vertilgenden Schlacht ausziehn die gerüsteten Männer,
Dann auch, welchen sie will, naht stets mit Hülfe die Göttin,
Huldreich Sieg zu verleihn, und Ruhm zu gewähren und Obmacht;
Auch im Gericht sizt jene bei ehrenvollen Gebietern.
Gut dann ist sie, wo Männer die Kraft' anstrengen im Wettkampf,
Weil auch dort die Göttin mit Hülf annahet und Beistand;

Wer nun siegte mit Stärk' und Tapferkeit, träget das Kleinod
Leicht davon, und fröhlich gewähret er Ruhm den Erzeugern.
Dann den Reisigen, welchen sie will, ist sie gute Gehülfin;
Jenen auch, welche des Meers aufstürmende Bläue durchstreben,
Und zu der Hekate flehn, und dem brausenden Ländererschüttrer.
Leicht auch genügenden Fang verleiht die gepriesene Göttin,
Leicht den erscheinenden hebt sie hinweg, wie der Wille sie antreibt.
Gut dann ist sie, zu mehren der Stallungen Vieh mit Hermeias;
Zucht und Triften der Rinder, und schweifende Ziegenheerden,
Und schönvließiger Schaf Anwachs, wie der Wille sie antreibt,

Macht sie aus wenigen groß, und klein aus mächtigen wieder.
Also fürwahr, obgleich nur eingeborene Tochter,
Ward vor den Ewigen allen sie hoch mit Würden verherlicht.
Und sie hieß der Kronid' als der Jünglinge Nährerin walten,
Welche nach ihr aufblickten zum Glanz der erleuchtenden Eos.
So vom Beginn der Jugend Ernährerin; so auch die Ehren.

Rheia, gesellt zum Kronos, gebar hochherliche Kinder,
Hestia, und, mit Demeter, die goldgeschuhete Here,
Dann des Aïdes Macht, der in unterirdischer Wohnung
Haust, unerbarmendes Sinns, und den brausenden Ländererschüttrer,
Auch den waltenden Zeus, der Götter und Sterblichen Vater,

Dem, wenn er Donner entschwingt, das gebreitete Land weit aufbebt.
Diese verschlang nun Kronos, der schreckliche, so wie ein jeder
Aus der Gebärerin heiligem Schooß auf die Kniee gesezt ward:
Dessen besorgt, daß nicht der erhabenen Uranionen
Einst ein anderer nähme die Königswürde der Götter.
Denn ihm vertraut' einst Gäa und Uranos' sternige Gottheit,
Daß von dem eigenen Sohne bevor ihm stände Bezwingung,
Ihm, wie gewaltig er war, durch Zeus' des erhabenen Rathschluß.
Drum nicht achtlos schaute der Gott; nein, spähend mit Sorgfalt,
Schlang er die Kinder hinab; und gebeugt ward Rhea von Unmut.
Aber da Zeus nun nahte, der Götter und Sterblichen

Vater,
Zu der Geburt, jezt bat sie mit Flehn die trautesten Eltern,
Beide, die Gäa zugleich, und Uranos' sternige Gottheit,
Auszusinnen den Rath, wie geheim sie möchte gebären
Ihren Sohn, und strafen die schreiende That des Erzeugers,
Da er die Kinder verschlang, der unausforschliche Kronos.
Jene vernahmen sie aufmerksam, und gehorchten der Tochter.
Und sie thaten ihr kund, wie viel zu geschehen bestimmt war,
Wegen des herschenden Kronos und seines gewaltigen Sohnes;
Sandten sie dann gen Lyktos, in Kreta's fruchtbares Eiland,
Als ihr die Stund' annahte, den jüngsten Sohn zu

gebären,
Zeus, den erhabenen Gott: den verhieß dort Gäa die Riesin
Aufzuziehn und zu pflegen in Kreta's weitem Gefilde.
Jezt hintragend das Kind durch der Nacht schnellfliehendes Dunkel,
Kam sie gen Lyktos zuerst; und sie nahm mit den Händen, und barg es
Unter dem hohen Geklüft, im Schooß des heiligen Landes,
An dem ägäischen Berg voll dichtverwachsener Waldung.
Einen gewaltigen Stein nun reichte sie jenem in Windeln,
Uranos' herschendem Sohn, der Unsterblichen vorigem König.
Den mit den Händen umfaßt' er, und sandt' in den Bauch ihn hinunter:
Rasender, welchem der Geist nicht ahndete, daß für die Zukunft

Statt des Gesteins sein Sohn, unbeschädiget und unbesiegbar
Nachblieb, der bald würde, mit mächtigem Arme bezwingend,
Ihn von der Ehr' ausstoßen, und selbst obwalten den Göttern.
Schleuniges Triebs nun wuchsen die Kraft und die stattlichen Glieder
Jenem Beherscher empor; und nach rollender Jahre Vollendung,
Durch der Gäa Entwurf, den schlau erdachten, belistet,
Gab sein Geschlecht er zurück, der unausforschliche Kronos,
Als ihn gebändiget List und Gewalt des eigenen Sohnes.
Aus nun brach er zuerst den Stein, den zulezt er verschlungen.
Diesen befestigte Zeus auf dem weitumwanderten Erdreich,

In der geheiligten Pytho, am windenden Hang des Parnasos,
Zeichen zu sein forthin, den sterblichen Menschen ein Wunder.
Auch aus verderblichen Banden die Oheim', Uranos' Söhne,
Löset' er, welche der Vater mit thörichtem Sinne gefesselt.
Diese vergalten ihm dann aus dankbarem Herzen die Wohlthat;
Denn sie gewähreten Donner und Bliz, und rollender Wetter
Leuchtungen: welche zuvor einhüllete Gäa dies Riesin.
Deren getrost, hält jener in Obhut Menschen und Götter.

Aber Iapetos rührte die reizende Okeanine
Klýmene heim zum Gemach, und bestieg das gemeinsame Lager.
Diese gebar ihm Atlas, den Sohn unbändiger Kühnheit,

Ferner den ehrsuchtvollen Menötios, auch den Prometheus,
Reich an Entwurf, und gewandt, und den thörichten Sohn Epimetheus,
Der vom Beginn Weh schuf den erfindsamen Menschenkindern;
Weil er zuerst als Gattin von Zeus die gebildete Jungfrau
Annahm. Aber den Trozer Menötios sandte Kronion
Zeus in des Erebos Schlund mit schmetternder Flamme des Donners,
Wegen des frevelen Muts und der übergewaltsamen Mannskraft.
Atlas hält aus Zwang den weitumwölbenden Himmel,
Fern an des Erdreichs Saum, vor den singenden Hesperiden
Stehend, empor mit dem Haupt und rastlos ringenden Armen.
Denn dies ward als Amt ihm ertheilt vom Ordner der Welt Zeus.

Fest dann zwängt' er in Bande den rathgeübten Prometheus,
Mit den gewaltsamen Banden die mittele Seule durchschlingend;
Und ihm sandt' er daher den weitgeflügelten Adler,
Der die unsterbliche Leber ihm fraß; doch völlig umher wuchs
Alles bei Nacht, was bei Tage der mächtige Vogel geschmauset.
Doch der behenden Alkmen' hochherziger Sohn Herakles
Tödtete den, und wehrte die bittere Pest des Verderbens
Von des Iapetos Sohn, und erlöst' ihn aus der Betrübnis:
Nicht ungebilligt von Zeus, dem olympischen Obergebieter,
Daß dem Herakles Ruhm, dem Thebegeborenen, würde,

Herlicher noch denn zuvor, auf dem nahrungssprossenden Erdreich.
Solches bedacht' er, und hob zu größerer Ehre den Sohn auf;
Und, wie er zürnete, legt' er den Zorn ab, den er zuvor trug,
Drum weil jener mit Rathe getrozt dem erhabnen Kronion.
Denn als einst sich verglichen die Götter und sterblichen Menschen
In Mekon', izt, freundlich gesinnt, zerleget' er theilend
Einen gewaltigen Stier, Zeus' göttlichen Sinn zu verleiten.
Dort das zerstückelte Fleisch und die fettumwachsnen Geweide
Legt' in der Haut er nieder, bedeckt mit dem rindernen Magen;
Dort die weißen Gebeine des Stiers, voll teuschender Arglist,

Ordnet' er wohlgelegt, mit schimmerndem Fette bedeckend.
Jezo begann zu ihm der Götter und Sterblichen Vater:

Du, des Iapetos Sohn, ruhmvoll vor allen Gebietern,
Trauter, du maßest die Theile mit nicht unbefangener Neigung.

Also in scherzendem Mut sprach Zeus voll ewiges Rathes.
Drauf antwortete jenem der schlaugewandte Prometheus,
Mit sanftlächelndem Aug', und vergaß der betrüglichen Kunst nicht:

Zeus, ruhmwürdig, und groß vor den ewigwaltenden Göttern,
Wähl' aus diesen den Theil, wie des Herzens Geist dir gebietet.

So sein trügliches Wort. Doch Zeus voll ewiges Rathes

Schauete, nicht unkundig, den Trug; und Böses im Herzen
Sann er den sterblichen Menschen, das bald zur Vollendung gereift war.
Siehe, mit beiden Händen erhob er das schimmernde Stierfett.
Und er ergrimmt' im Geist, und Zorn durchtobte das Herz ihm,
Als er sahe das weiße Gebein, mit der teuschenden Arglist.
Seit dem pflegen den Göttern die Stämm' erdbauender Menschen
Weißes Gebein zu verbrennen auf duftenden Opferaltären.
Wieder begann unmutig der Herscher im Donnergewölk Zeus:

Du, des Iapetos Sohn, vortrefflichster Kenner des Rathes,
Trautester, wahrlich du hast der betrüglichen Kunst nicht vergessen!

Also in zornigem Mut sprach Zeus voll ewiges Rathes.

Seit dem Tage darauf, rastlos des Betruges gedenkend,
Gab er den Elenden nicht die Gewalt unermüdetes Feuers,
Jenen sterblichen Menschen, die weit umwohnten das Erdreich.
Aber ihn teuschte mit List des Iapetos herlicher Sprößling,
Welcher geheim entwandte die Glut fernstralendes Feuers,
Drinnen im markigen Rohr. Das nagete tief in der Seele
Den hochdonnernden Zeus; und Zorn durchwühlte das Herz ihm,
Als er sah bei den Menschen die Glut fernstralendes Feuers.
Schleunig darauf für das Feuer bereitet' er Böses den Menschen.

Denn aus der Erd' erschuf der hinkende Künstler Hefästos
Jungfraungleich ein edles Gebild, nach dem Rathe Kronions.
Solche gürtete nun, und schmückte sie, Pallas Athene,
Fein mit Silbergewand; auch die köstliche Hülle des Hauptes
Fügte sie ihr mit den Händen geschickt, ein Wunder dem Anblick.
Ringsumher auch Kränze von neu aufblühenden Kräutern
Ordnete anmutsvoll um das Haupt ihr Pallas Athene.
Eine goldene Kron' auch sezte sie ihr auf die Scheitel,
Die er selber gemacht, der hinkende Künstler Hefästos,
Mit ausschaffender Hand, willfährig zu sein dem Kronion.

Drin war viel sinnreiches gefertiget, Wunder dem Anblick:
Unthier' aller Gestalt, wie das Land aufnährt und die Meerflut;
Deren erschuf er viel; und Anmut leuchtete ringsum,
Wundersam, denn sie schienen belebt und tönenden ähnlich.
Aber nachdem er bereitet das reizende Böse, für Gutes,
Führt' er sie hin, wo waren die anderen Götter und Menschen,
Sie die den Schmuck von Zeus' blauäugiger Tochter zur Schau trug.
Staunen ergrif nun Götter zugleich und sterbliche Menschen,
Als sie den schlüpfrigen Trug, unvermeidlich den Sterblichen, ansahn.

Denn ihr ist das Geschlecht der zartgebildeten Weiber.

Unheilvoll ist solches Geschlecht; und die Stämme der Weiber
Wohnend zu Schaden und Leid in der sterblichen Männer Gemeinschaft,
Nicht dem harten Bedarf, nein schwelgender Üppigkeit folgend.
Wie in der Honigkörbe gewölbetem Baue die Bienen
Dronengezücht aufnähren, das Theil an bösem Geschäft hat;
Jene, den ganzen Tag bis spät zur sinkenden Sonne,
Fleißigen Tagarbeit, und baun weißzelliges Wachs auf;
Diese, daheim im Verschloß der gewölbeten Stöcke beharrend,
Mühen sich fremden Ertrag in die eigenen Bäuche zu sammeln:
Gleich so hat auch die Weiber zum Unheil sterblichen Männern
Zeus der Donnerer eingeführt, denn an schnödem Geschäfte

Haben sie Theil. Noch gab er ein anderes Böses für Gutes.
Wer aus Scheu vor der Eh' und den leidigen Thaten der Weiber
Nicht heiraten erkohr, und dem traurigen Alter genaht ist;
Mangelnd der Alterspflege, wenn auch nicht arm des Vermögens,
Lebet er; scheidet er dann, so theilen sich seine Besizung
Fremdlinge. Wem hingegen das Loos der Verehlichung zufiel,
Und ein tugendsam Weib sich gesellete, fest an Gesinnung:
Diesem von jeher trachtet das Bös' im Kampfe mit Gutem
Anzunahn. Wer aber von schädlicher Art sie gefunden;
Solcher lebt, in der Brust ein unablässiges Elend

Hegend für Geist und Herz, und es ist unheilbar das Übel.
So kann keiner entgehn Zeus' Ordnungen, noch sie umschleichen.
Selbst nicht Iápetos Sohn, der Nothaushelfer Prometheus,
Wußte zu fliehn vor der Rache des Zürnenden; sondern es hemmt ihn,
So vielkundig er ist, die gewaltige Fessel des Zwanges.

Als dem Briáreos jezo im Geist ergrimmte der Vater,
Auch dem Kottos und Gyges; da leget' er zwängende Band' an,
Bildung und Größ' anstaunend der mutigen Ungeheuer,
Und die Gewalt; fern aber verbannt' er sie unter das Erdreich:
Wo sie von Kummer gedrückt in unterirdischer Wohnung

Hausen am äußersten Ende des weitumwanderten Landes,
Viel und lange gequält, ihr Herz voll großer Betrübnis.
Aber sie hat der Kronid' und die ändern unsterblichen Götter,
Welche die lockige Rheia durch Kronos' Liebe geboren,
Wieder empor zum Lichte geführt, nach dem Rathe der Gäa.
Denn sie verkündete selbst in genau durchgehender Ordnung,
Wie mit jenen zu Sieg' und glänzendem Ruhm sie gelangten.

Denn schon kämpfeten lang' in geistabmattender Arbeit
Dort die titanischen Götter, und hier die Erzeugten des Kronos,
Eiferig gegen einander im Ungestüme der Feldschlacht:

Jene, die stolzen Titanen, daher vom erhabenen Othrys,
Diese herab vom Olympos, die göttlichen Geber des Guten,
Welche die lockige Rheia gezeugt in des Kronos Gemeinschaft.
Sie nun, gegen einander in müdendem Kampfe gestellet,
Kämpfeten ohne Verzug schon zehn vollendete Jahre.
Und nie hatte der Streit der Erbitterten Ende noch Ausgang,
Hier so wenig wie dort; gleich strengte sich Krieg und Entscheidung.
Aber nachdem Zeus diesen, was noth war, alles gereichet,
Labenden Nektar zugleich und Ambrosia, göttliche Nahrung;
Ward der Unsterblichen Brust von edelem Mute gekräftigt.

Als sie mit Nektar nunmehr und Ambrosiakost sich gelabet,
Jezt vor ihnen begann der Götter und Sterblichen Vater:

Höret, der Erdgöttin und des Uranos glänzende Kinder,
Daß ich rede, wie mir das Herz im Busen gebietet.
Schon sehr lange fürwahr in Erbitterung gegen einander
Kämpfen wir Tag vor Tag, um Sieg zu gewinnen und Obmacht,
Jene titanischen Götter, und wir die Erzeugten des Kronos.
Auf, ihr alle denn! große Gewalt und unnahbare Hände
Zeigt dem Titanengeschlecht, anrennend im Graun der Entscheidung.
Eingedenk, wie, mit Lieb' und gefälligem Sinne behandelt,

Ihr zu dem Licht umkehrtet aus harthinstreckenden
Fesseln,
Unserer Fügung gemäß, von dem nachtenden
Schlunde des Dunkels.

Also Zeus; drauf gab ihm der trefliche Kottos die
Antwort:
Seltsamer, nicht unerkanntes verkündest du; sondern
von selbst auch
Wissen wir, daß an Verstande du vorragst, wie an
Gesinnung,
Und Abwehrer den Göttern erschienst des
entsezlichen Unheils.
Weis' auch fügetest Du, daß vom nachtenden
Schlunde des Dunkels
Wir nun wieder hervor aus unbarmherzigen Fesseln
Kehreten, hocherhabner Kronid', unerwartetes
findend.
Drum auch jezt mit festem Entschluß und
bedachtsamem Eifer

Wollen wir eurer Gewalt beistehn in der grausen Befehdung,
Gegengestellt den Titanen im Ungestüme der Feldschlacht.

Jener sprachs. Lob riefen die göttlichen Geber des Guten,
Als sie die Rede gehört; ihr Herz nun entbrannte von Streitlust,
Heftiger noch denn zuvor; und sie huben unendlichen Kampf an,
Alle des Tags, was weiblich gebildet war, oder was männlich:
Dort die titanischen Götter, und hier die Erzeugten des Kronos,
Und die Zeus an das Licht aus des Erebos Tiefen hervorließ,
Schreckliche, groß an Kraft, und voll unermeßlicher Stärke.
Hundert Riesenarm' entstrebeten ihren Schultern,

Aller zugleich; und fünfzig entsezliche Häupter auf jedem
Wuchsen daher von der Schulter, bei ungeheueren Gliedern.
Jezt den Titanen entgegen gestellt zu grauser Befehdung,
Trugen sie steiles Geklipp mit nervichten Fäusten umklammert.

Drüben auch die Titanen befestigten ihre Geschwader,
Freudiges Muts. Da erschien, was Hand' und Kräfte vermochten,
Hier und dort. Laut rauschte die Flut des unendlichen Meeres,
Laut auch krachte die Erd', und es dröhnte der wölbende Himmel,
Mächtig bewegt, ja von unten erbebten die Höhn des Olympos,
Durch der Unsterblichen Schwung; selbst drang die Erschütterung graunvoll

Bis in des Tartaros Nacht vom Gestampf, und der gellende Ausruf
Vom endlosen Getös', und der Würf' anprallendes Schmettern.
Denn hin flogen und wieder geschnellete Jammergeschosse;
Und ein Geschrei ringsher, das zum sternichten Himmel emporscholl,
Reizte den Kampf; und sie rannten mit wütendem Hall an einander.

Auch nicht hemmte Kronion den Mut noch; sondern erfüllt ward
Ihm von dem heftigen Mute das Herz, und er zeigete völlig
Seine Gewalt; und sogleich vom Himmel einher und Olympos
Wandelte rastlos blizend der Donnerer. Siehe, die Wetter,
Schlag auf Schlag, mit Geroll und zuckenden Leuchtungen flogen

Rasch aus der nervichten Hand, und schlängelten heilige Flamme,
Häufiges Flugs; weit krachte das nahrungsprossende Erdreich
Brennend empor, und in Glut rings knatterte mächtige Waldung.
Auf nun brauste die Erd', und der Strom des Okeanos ringsum,
Auch das verödete Meer; und die erdgebornen Titanen
Ängstete heißes Gedünst; denn es flammt' in die heiligen Lüfte
Endlos, daß auch die Augen der Stärkeren selber geblendet
Starrten dem schimmernden Glanze des Donnerstrals und des Blizes.
Fürchterlich drang bis zum Chaos die Schwül' ein. Gleich war der Anblick
Jezt den Augen zu schaun, und der Hall zu vernehmen den Ohren,

Wie wenn gegen die Erd' hochher der gewölbete Himmel
Nahete; denn so möchte der lauteste Schall sich erheben,
Wo die zermalmte zugleich, und der oben zermalmende krachte:
Also scholl das Getön, da zum Kampf anrannten die Götter.
Wild auch tobten die Wind', und wirbelten Staub und Zerrüttung,
Wirbelten Donner und Bliz, und lodernde Keile des Wetters,
Zeus' des erhabnen Geschoß, und stürmten Geschrei und Tumult her
Zwischen die streitenden Mächt'; und es stieg graunvolles Getös' auf,
Jenes entsezlichen Kampfs, und tapfere Thaten erschienen:
Bis sich neigte die Schlacht. Doch zuvor auf einander gerichtet,

Kämpften sie eiferig fort durch tobendes Waffengetümmel.

Jen' im Vordergewühl erregten die Schlacht des Entsezens,
Kottos, Briáreos auch, und der rastlos kämpfende Gyges,
Die dreihundert Felsen zugleich mit gewaltigen Armen
Schleuderten, Wurf an Wurf; daß weit ihr Geschoß den Titanen
Schattete. Jezt in die Kluft des weitumwanderten Erdreichs
Scheuchten sie jene hinab, und legeten schmerzende Band' an,
Mit obsiegender Hand, wie sehr unbändig sie trozten,
So weit unter der Erd', als über der Erd' ist der Himmel:
Denn gleich fern von der Erd' ist des Tartaros finsterer Abgrund.

Wenn neun Tag' und Nächte dereinst ein eherner Amboß
Fiele vom Himmel herab, am zehenten käm' er zur Erde;
Wenn neun Tag' und Nächte sodann ein eherner Amboß
Fiele hinab von der Erd', am zehenten käm' er zum Abgrund.
Ehrnes Geheg' umläuft den Tartaros; aber umher ruht
Dreifach gelagerte Nacht an dem Eingang; oben herab dann
Wachsen die Wurzeln der Erd' und des ungebändigten Meeres.
Alda sind die Titanen im nachtenden Schlunde des Dunkels
Eingehemmt, nach dem Rathe des schwarzumwölkten Kronion,
Tief in der dumpfigen Kluft, am Rand der unendlichen Erde.

Keiner vermag zu entfliehn; denn es schloß Poseidon den Ausgang
Fest mit eherner Pfort', und rings umschränkt sie die Mauer.
Gyges auch, und der stolze Briáreos, neben dem Kottos,
Wohnen daselbst, als Wächter dem Ägiserschütterer dienend.
Dort sind der dunkelen Erd', und des finstern tartarischen Abgrunds,
Auch des verödeten Meers, und des sternumfunkelten Himmels,
Aller Beginn' und Enden sind dort mit einander versammelt,
Fürchterlich dumpf, voll Wustes, wovor selbst grauet den Göttern.
Eine unendliche Kluft! Selbst nicht am Ende des Jahres
Käm' auf den Grund, wer einmal hinein in die Pforte gedrungen;

Sondern ihn stürmte von hier und von dort ein Orkan dem Orkane
Wütend daher. Entsezlich sogar unsterblichen Göttern
Droht dies Gräul! Auch der düsteren Nacht graunvolle Behausung
Steht aldort, in Gewölk von dunkeler Bläue gehüllet.

Vor ihr trägt Iápetos' Sohn das Gewölbe des Himmels,
Hoch dastehend, mit Haupt und unermüdeten Armen,
Unverrückt: wo die Nacht und Hemera, ferne sich wandelnd,
Eine die andre begrüßt, um die mächtige Schwelle des Erzes
Schwingend den Lauf. Wann die eine hinabsteigt, gehet die andre
Schon aus der Pfort', und nie sind im Inneren beide geherbergt;

Sondern die ein' ist immer beschäftiget außer der Wohnung,
Und umwandelt die Erd', und die andere, drinnen im Hause,
Wartet indeß, bis ihr des Hervorgehns Stunde herannaht.
Jene bringt die Helle des Lichts den Erdebewohnern;
Diese den Schlaf in den Armen, den Zwillingsbruder des Todes,
Sie die schreckliche Nacht, umhüllt mit finsterer Wolke.

Auch die Söhne der Nacht, der düsteren, haben ihr Haus dort,
Beide, der Schlaf und der Tod, die furchtbaren! Nimmer auf jene
Schauet Helios her mit leuchtenden Sonnenstralen,
Steig' er zum Himmel empor, und senk' er sich wieder vom Himmel.
Jener geht auf der Erd' und dem weiten Rücken des Meeres

Ruhig immer umher und freundlich den Menschenkindern.
Diesem starrt von Eisen der Sinn, und das eherne Herz ist
Mitleidslos in der Brust; und welchen er hascht von den Menschen,
Hält er fest; ein Entsezen sogar unsterblichen Göttern.

Auch die hallende Burg des unterirdischen Gottes
Aïdes steht aldort, und der schrecklichen Persefoneia,
Vorn; und der scheußliche Hund bewacht die Pforte der Wohnung,
Mitleidslos; Tück' hat er und Arglist. Dem, der hineingeht,
Pflegt er zugleich mit dem Schwanz und beiden Ohren zu schmeicheln;
Aber hinausgehn darf nicht einer ihm, sondern belaurend
Schlingt er hinab, wen er hascht, indem aus der

Pforte des starken
Aïdes schleichen er will, und der schrecklichen
Persefoneia.

Dort auch hauset zugleich, verhaßt den
unsterblichen Göttern,
Styx, des kreisenden Stroms Okeanos älteste Tochter,
Furchtbar und hehr: abwärts den Unsterblichen
wohnet sie prachtvoll
Unter erhabenem Felsengewölb'; und ihr ruchtbares
Haus ist
Ringsumher bis zum Himmel mit silbernen Seulen
befestigt.
Selten einmal geht Iris, die flüchtige Tochter des
Thaumas,
Hin auf weitem Rücken des Meers, und bringet ihr
Botschaft,
Wann einst Hader und Zank sich erhub in der
Götter Versammlung,
Und wann jemand log, der olympische Höhen
bewohnet.

Zeus dann sendet die Iris, zum großen Schwure der Götter
Fern in goldener Schale das ruchtbare Wasser zu bringen,
Welches kalt aus der Jähe des unersteiglichen Felsens
Niederrinnt, und sich unter das weitumwanderte Erdreich
Durch schwarzdunkele Nacht kraftvoll aus dem heiligen Strome
Stürzt, des Okeanos Arm; denn ein Zehntheil ward ihr beschieden.
Neun der Theil' um die Erd' und den weiten Rücken des Meeres
Rollt mit Silbergewirbel der Strom, und fällt in die Salzflut;
Aber das ein' entsprudelt dem Fels, zum Verderben der Götter.
Welcher nun, ausgießend des Tranks, von den seligen Göttern
Meineid schwört, die bewohnen das Haupt des

beschneiten Olympos,
Solcher liegt entathmet bis ganz zur Vollendung des Jahres;
Niemals findet er auch der Ambrosia oder des Nektars
Sättigung; sondern er liegt, der Stimme beraubt und des Athems,
Auf gebreitetem Lager, umhüllt von der bösen Betäubung.
Aber nachdem er die Krankheit ein völliges Jahr nun geduldet,
Schrecklich empfängt ihn jezt nach anderem anderes Elend.
Und neun Jahr' ist solcher getrennt von den ewigen Göttern;
Nie auch wird er des Raths Theilnehmender, oder des Mahles,
Voll neun Jahre hindurch; im zehenten nahet er wieder
Zu der Unsterblichen Schaar, die olympische Höhen

bewohnen.
Also weihten die Götter zum Schwur der Styx unvergänglich
Alte Flut, die des schroffen Geklüfts Abhänge durchströmet.

Dort sind der dunkelen Erd', und des finstern tartarischen Abgrunds,
Auch des verödeten Meers, und des sternumfunkelten Himmels,
Aller Beginn' und Enden sind dort mit einander versammelt,
Fürchterlich dumpf, voll Wustes, wovor selbst grauet den Göttern,
Dort ist die schimmernde Pforte zugleich, und die eherne Schwelle,
Unbewegt, mit tief hinstrebenden Wurzeln gegründet,
Selbstentsproßt; und vorn, von den Ewigen allen gesondert,
Wohnt der Titanen Geschlecht, jenseit des düsteren

Chaos.
Durch des donnernden Zeus ruhmwürdige Bundesgenossen
Hausen in Wohnungen dort an Okeanos' untersten Gründen,
Kottos und Gyges zugleich. Den Briareos, weil er so stark war,
Machte zum Eidam sich der tosende Ländererschüttrer,
Und vertraut' ihm zur Ehe die Tochter Kymopoleia.

Aber nachdem die Titanen hinab vom Himmel gedrängt Zeus,
Brachte den jüngsten Sohn, den Tyfóeus, Gäa die Riesin,
Durch des Tartaros Lieb', und die Huld der goldenen Kypris.
Ihm sind Hände verliehn, die ein Werk vornehmen mit Nachdruck,
Rüstige Füße zugleich, dem gewaltigen; und von den Schultern

Wanden sich hundert Häupter des graunvoll schlängelnden Drachen,
Leckend mit finsteren Zungen umher, und der gräßlichen Häupter
Jeglichem zuckt' aus den Augen ein Glutstral unter den Wimpern;
So aus den Häuptern gesamt, wenn er schauete, brannt' es wie Feuer.
Auch war hallende Stimm' in allen entsezlichen, Häuptern,
Von vielartigem Wundergetön: denn in häufigem Wechsel
Lautete jezt für die Götter verständliches; jezo hinwieder
Scholl es, wie dumpfes Gebrüll des in Wut anrasenden Stieres;
Jezo gleich, wie des Löwen von unaufhaltsamer Kühnheit;
Jezo gleich dem Gebelfer der Hündelein tönet' es seltsam;

Jezo wie gellendes Pfeifen, daß rings nachhallten die Berghöhn.
Und bald kam an dem Tag' unheilsame That zur Vollendung,
Daß Er Sterbliche so wie Unsterbliche jezo beherschte;
Hätte nicht scharf es bemerkt der Menschen und Ewigen Vater.
Ernst nun schwang er die Donner, und donnerte; rings in dem Aufruhr
Toste das Land graunvoll, und der wölbende Himmel von oben,
Auch des Okeanos Strom, Meerflut und tartarischer Abgrund.
Ja dem unsterblichen Fuß erbebten die Höhn des Olympos,
Als sich der Herscher erhub; und tiefauf dröhnte das Erdreich.
Beiden entloderte Brand, um das finstere Meer sich verbreitend,

Hier von dem Donner und Bliz, und dort von der Flamme des Scheusals,
Von glutwirbelndem Sturm, und zuckendem Strale der Wetter.

Auf nun brauste die Erd', und der Himmel umher, und die Meerflut;
Und die Gestad' umtobt' unermeßliches Wogengetümmel,
Durch der Unsterblichen Schwung; und es schwankte das All in Erschüttrung.
Aïdes selber erschrak, der unteren Todten Gebieter,
Auch der Titanen Geschlecht im Tartaros drunten um Kronos,

Vor dem unendlichen Lerm und dem furchtbaren Kampf der Entscheidung.
Als nun seine Gewalt Zeus sammelte, nahm er die Waffen,
Bliz und Donner zugleich, und lodernde Keile des Wetters,
Schlug dann hoch vom Olympos im Ansprung: alle

gesamt nun
Sengt' er die gräßlichen Häupter hinweg des gewaltigen Scheusals.
Aber nachdem er ihn jezt mit schmetternden Schlägen gebändigt,
Sank er gelenklos hin; und es seufzte die mächtige Erd' auf.
Lodernde Glut entströmte dem niedergedonnerten Herscher,
In des Ätna-Gebirgs Waldthalen, den felsigen dunklen,
Wo er erlag; weit brannte die mächtige Erd' in des Wetters
Stürmischer Loh', und zerfloß, dem schmelzenden Zinne vergleichbar,
Welches der Jünglinge Kunst im wohlgehöhleten Tiegel
Glühete; oder wie Eisen, das stark vor allem Metall ist,
In des Gebirgs Waldthalen von flammender Hize

gebändigt,
Schmilzt in dem heiligen Grund, durch künstliche Hand des Hefästos:
Also zerschmolz auch die Erd' in stralender Lohe des Feuers.
Zeus dann schwang ihn ergrimmt in des Tartaros räumigen Abgrund.

Von dem Tyfóeus stammt die Gewalt naßhauchender Winde,
Außer dem Süd und dem Nord und dem blaßumschauerten Westwind;
Denn sie sind aus Göttergeschlecht, und den Sterblichen heilsam.
Aber die anderen wehn als Mishauch' über die Meerflut:
Die, nun plözlich daher in die finstere Woge sich stürzend,
Rasen mit stürmender Wut, den sterblichen Menschen zum Unheil.
Dann wehn andere anderswohin, und zerstreun und

verderben
Schiff und Segler zugleich; und des Wehs ist nimmer Errettung
Sterblichen, die, von jenen ereilt, durch die Brandungen hinfliehn.
Auch auf dem Boden umher des unendlichen blühenden Erdreichs
Bringen sie Leid, und verderben der Ackerer schöne Bestellung,
Alles mit Staub anfüllend und fürchterlich raffendem Aufruhr.

Als die seligen Götter nunmehr vollendet die Arbeit,
Und die Titanen im Streit um Ehr' und Würde bewältigt;
Jezo vertraueten sie den Oberbefehl und die Herschaft,
Gäa's Rathe gemäß, dem olympischen Ordner der Welt Zeus,
Aller Unsterblichen rings; und Er vertheilte die Ehren.

Zeus nun, der König der Götter, erkohr als erste Genossin,
Metis, die kundigste weit vor sterblichen Menschen und Göttern.
Aber da ihr, zu gebären die heilige Pallas Athene,
Nahte die Zeit, jezt listig mit sanft einnehmenden Worten
Teuscht' er ihr Herz, und barg im eigenen Bauche die Göttin,
So wie Gäa befahl, und des sternichten Uranos Ausspruch.
Denn das riethen ihm beide, damit die Herschergewalt nicht
Nähme, für Zeus, ein andrer der ewigwaltenden Götter.
Denn ihr beschied, zu gebären verständige Kinder, das Schicksal:
Erst die Tritogeneia, des Zeus blauäugige Tochter,
Gleich dem erhabenen Vater an Kraft und weiser Entschließung.

Hierauf war auch den Sohn ihr bestimmt zu gebären, der künftig
Götter und Menschen zugleich mit gewaltigem Geiste beherschte.
Aber zuvor barg Zeus im eigenen Bauche die Göttin,
Daß ihm solche hinfort ankündete Gutes und Böses.

Themis, darauf Zeus' Gattin, die herliche, bracht' ihm die Horen,
Dike, Eunómia dann, und die blühende Tochter Eirene:
Welche dem Menschengeschlecht vollzeitigen alles Beginnen;
Auch die Mören, von Zeus ausnehmender Ehre gewürdigt,
Klotho, Lachesis auch, und Atropos: welche zur Mitgift
Bei der Geburt austheilen den Sterblichen Gutes und Böses.

Auch drei Chariten bracht' ihm Eurynome, rosige Jungfraun,

Sie, des Okeanos Tochter, geschmückt mit reizender Schönheit:
Thália, lieblich an Wuchs, Eufrósyne, samt der Aglaja:
Diesen entträuft von der Wimper im Anblick süßes Verlangen,
Schmelzendes; denn sie blicken so hold aus der Brauen Umwölbung.
Jener bestieg der Demeter, der Allernährerin, Lager;
Und sie gebar ihm die schöne Perséfone, die Aïdoneus
Raubte der Mutter hinweg, denn sie gab der erhabne Kronion.
Von Mnemósyne dann, der schöngelockten, entbrannt' er,
Der die Musen enstammen, geziert mit goldenem Haarband,
Neun, der festlichen Schmause vergnügt, und des frohen Gesanges.

Leto gebar den Apollon, und Artemis, froh des Geschosses,
Beide vom holdesten Wuchs vor den sämtlichen Uranionen,
Leto, gesellt in Liebe dem Donnerer Zeus Kronion.

Dieser erkohr nun Here zuletzt als blühende Gattin;
Und sie gebar die Hebe, mit Eileithya und Ares,
Ihrem Gemahl beiwohnend, dem waltenden Herscher der Welt Zeus.

Ihm aus dem eigenen Haupt fuhr Zeus' blauäugige Tochter,
Schrecklich, umrauscht vom Gewühl, Heerführerin, nimmer bezwungne
Herscherin, die an Getöse sich freut, und an Kampf und Entscheidung.

Here gebar den Hefästos darauf, ohn' alle Gemeinschaft,
Aus sich selbst, denn sie zürnt' und eiferte ihrem Gemahle,

Ihn, der an Kunst vorraget den sämtlichen Uranionen.

Amfitrite sodann und der tosende Ländererschüttrer
Zeugeten Tritons Macht, des gewaltigen, der an des Meeres
Tiefem Grund, mit der Mutter zugleich und dem herschenden Vater,
Wohnt im goldenen Haus', ein furchtbarer. Mit Kythereia
Zeugete Graun und Entsezen der Schilddurchschmetterer Ares,
Schreckliche, die hintummeln die dichtesten Männergeschwader,
Ares dem Stadtverwüster gesellt, in der schaudrichten Feldschlacht;
Auch die Harmónia dann, des mutigen Kadmos Genossin.
Maja, des Atlas Tochter, bestieg Zeus' heiliges Lager,
Und den Hermes gebar sie, der Götter gepriesenen

Herold.
Semele, Tochter des Kadmos, gebar aus seiner Umarmung
Ihm den glänzenden Sohn, den Geber der Lust Dionysos,
Sterblich sie selber den Gott; nun freuen sich beide der Gottheit.
Weiter gebar Alkmene die hohe Kraft Herakles,
Heimlich in Liebe genaht dem schwarzumwölkten Kronion.

Aber Agláia ward dem hinkenden Künstler Hefästos,
Sie der Chariten jüngste, vermählt als blühende Gattin.
Dem goldlockigen Gott Dionysos ward Ariadne,
Minos' Tochter, die blonde, vermählt als blühende Gattin;
Ihm schuf Zeus sie unsterblich in nie veraltender Jugend,
Hebe kohr sich Herakles, der tapfere Sohn der

Alkmene,
Als er mit Kraft und Gewalt mühselige Kämpfe vollendet,
Daß sie, Tochter des Zeus und der goldgeschuheten Here,
Edle Genossin ihm war' auf dem schneebedeckten Olympos:
Seliger, der, da er Großes hinausführt', unter den Göttern
Wohnt, dem Leiden entrückt, in Unsterblichkeit, nimmer veraltend!

Helios, rastlos im Lauf, mit der Okeanine Perseis,
Zeugete Kirke zugleich, und den Volksobwalter Äetes.
Aber Äetes, der Sohn des erleuchtenden Sonnenbeherschers,
Nahm des umgrenzenden Stroms Okeanos Tochter Idya,
Nach der Unsterblichen Schluß, als rosenwangige Gattin.

Diese gebar ihm Medeia, die leicht hinwandelnde Tochter,
Überwältigt von Liebe, durch Huld der goldenen Kypris.

Ihr lebt jezo mir wohl, olympischer Höhen Bewohner,
Eiland' auch, und Vesten, und salzige Flut in dem Innern.

Jezo der Göttinnen Stämme verkündiget hold im Gesange,
Ihr olympischen Musen, des Ägiserschütterers Töchter:
Alle, wie viel unsterblich in sterblicher Männer Gemeinschaft
Kinder gezeugt, vollkommen wie ewige Götter an Bildung.
Siehe, Demeter gebar, die heilige Göttin, den Plutos,
Als mit Iásios sie auf dreimal geackertem Brachfeld
Traulicher Liebe gepflegt in Kretas's fruchtbarem Eiland,

Ihn, der ein heilsamer geht durch Land und Meeresgewässer,
Rings; den begegnenden aber, und wem in die Hand' er gelangt ist,
Den umhäuft er mit Gut, und gewährt ihm Fülle des Reichthums.

Auch den Kadmos gebar Harmónia, Tochter der Kypris,
Semele, Ino zugleich, und Agaue mit blühendem Antliz,
Dann Autónoe, Weib des lockigen Aristäos,
Und Polydoros den Held in der festummauerten Thebe.

Eos gebar dem Tithonos den erzgerüsteten Memnon,
König der Äthiopen, Emáthion auch, den Gebieter.
Auch dem Kéfalos brachte sie dar den edelen Sprößling
Faethon, mächtiger Kraft, Unsterblichen ähnlich an Bildung.

Dieser, da zart in der Blüte der üppigen Jugend er aufwuchs,
Ward als tändelndes Kind von der hold anlächelnden Kypris
Weg im Schwunge geraft, und im Heiligthume der Tempel
Zum nachtfeiernden Hüter bestellt, ein göttlicher Dämon.

Sie, des Äetes Tochter, des gottgesegneten Königs,
Führte der Äsonid', in der Obhut ewiger Götter,
Vom Äetes daher, da er grauliche Kämpfe vollendet,
Deren ihm viel' auflegte der übermütige König,
Pelias, trozig und frech, ein entsezlicher Thäter des Frevels.
Siegreich kam er nunmehr nach mancher Gefahr in Iolkos,
Führend im hurtigen Schiffe die freudigblickende Jungfrau,
Äsons Sohn, und sie ward ihm blühende Lagergenossin.

Diese, nachdem sie erkannt der Volksobwalter Iason,
Brachte den Sohn Medeios, den sorgsam erzog in dem Bergwald
Cheiron, der Filyra Sohn; so ward Zeus' Wille vollendet.
Aber die Nereiden, erzeugt vom altenden Meergreis:
Psamathe brachte zuerst, die heilige Göttin, den Fokos,
Durch des Äakos Lieb', und die Huld der goldenen Kypris.
Peleus jezo bezwang die silberfüßige Thetis,
Sieh', und Achilleus erwuchs, der zermalmende, löwenbeherzte.

Drauf den Äneias gebar die schöngekränzete Kypris,
Einst dem Helden Anchises in traulicher Liebe vereinigt,
Auf dem bewaldeten Gipfel des vielgewundenen Ida.

Kirke, des Helios Tochter, des leuchtenden Sohns Hyperions,

Brachte dem harrenden Dulder Odysseus nach der Umarmung
Agrios, ihn und Latinos, den treflichen, stark und gewaltig;
Welche fürwahr sehr fern in dem Schooß der heiligen Inseln
Allem Geschlecht obwalten der hochberühmten Tyrsener.

Dann den Nausithoos brachte die heilige Göttin Kalypso
Samt dem Nausinoos dar, aus Odysseus' trauter Umarmung.

Solche sinds, die unsterblich in sterblicher Männer Gemeinschaft
Kinder gezeugt, vollkommen wie ewige Götter an Bildung.

Jezo der Heldinnen Stämme verkündiget hold im Gesänge,

Ihr olympischen Musen, des Ägiserschütterers Töchter.